DIRK BEY / OLAF SEIDEL

DER SANDWICH MAKER

Tefal
HEEL

HEEL Verlag GmbH
Gut Pottscheidt
53639 Königswinter
Tel.: 02223 9230-0
Fax: 02223 9230-13
E-Mail: info@heel-verlag.de
www.heel-verlag.de

In Zusammenarbeit mit Tefal

Autoren: Dirk Bey und Olaf Seidel
Gestaltung: Sabine Vonderstein, Köln, www.vonderstein.org
Covergestaltung: Christine Mertens, HEEL Verlag GmbH
Projektleitung und Lektorat: Ulrike Reihn-Hamburger
Fotos: Volker Debus, München, www.debusfoto.de
Mit Ausnahme von:
© Tefal: 6 o
© Adobe Stock: Aleksey (Ornamentik, 10), foxysgraphic (grafische Elemente), Sketch Master (7 ur, 46), marchiez (20/21, 30/31), artbalitskiy (37/38), ~ Bitter ~ (47), MicroOne (56/57), alhontess (66/67)

Printed in Czech Republic

ISBN 978-3-96664-168-5

INHALT

VORWORT 4
GUT ZU WISSEN 6

BROT & SAUCE 8
SANDWICHTOAST SELBST BACKEN
SANDWICHCREME

BASICS 10
- SCHINKEN-KÄSE-TOAST 12
- TOAST HAWAII 14
- BAYERISCH TOAST 16
- ITALIAN TOAST 18

CLASSICS 20
- NEW YORK CLUB SANDWICH 22
- CHICKEN TERIYAKI 24
- CROQUE MONSIEUR 26
- BÁNH MÌ 28

ITALIANS 30
- GENOVESE 32
- CALABRESE 34
- GUTGLUT 36

FISH & SEA 38
- THUNFISCH 40
- LACHS 42
- SYLTER KRABBENBROT 44

AMERICANS 46
- KATZ DELI SANDWICH 48
- PULLED PORK 50
- BEEF ‚N' CHEESE 52
- BLT 54

VEGGIES 56
- GARDEN SANDWICH 58
- MEXICAN „V" 60
- LADY CONSTANZIA 62
- LOUISIANA 64

WAFFELN 66
- MAMAS BESTE WAFFELN 68
- SANDWAFFELN 70
- NUSSWAFFELN 72
- MARILLENWAFFELN 74
- MEDITERRANE WAFFELN 76
- KÄSEWAFFELN 78

Vorab zunächst einmal so viel …

Ein Sandwichmaker? Da werden Kindheitserinnerungen wach! Wer zuhause einen Sandwichmaker hatte, war der Star: Von den warmen Sandwiches mit den köstlichsten Füllungen konnten wir nicht genug bekommen. Und auch im Studium oder in der Ausbildung hat uns dieses wunderbare Gerät über zahlreiche Wochen kulinarisch gerettet. Und so war auch in Dirks Studentenküche der Sandwichmaker stets im Einsatz. Und auch Olaf liebte die süßen und pikanten heißen Snacks.

Höchste Zeit, diese Begeisterung wiederaufleben zu lassen – also nichts wie ran an den Sandwichmaker und verschiedene Rezepte ausprobieren! Denn die Zubereitung geht denkbar schnell und einfach: Toastbrot mit den Lieblingszutaten belegen, im Sandwichmaker knusprig ausbacken und sofort verspeisen. Und so haben wir, Olaf aus Weimar und Dirk aus dem Ruhrgebiet, uns zusammengesetzt und unsere Lieblingsrezepte zusammengestellt. Neben Basics wie dem Schinken-Käse-Sandwich oder Klassikern wie dem New York Club Sandwich finden Sie auch Trend-Rezepte wie das Sylter Krabbenbrot oder vegetarische Varianten mit Süßkartoffel. Olaf, als großer Fan des Films „Der kleine Lord", brachte das Rezept des Gurkensandwiches ein – und auch unsere Erfahrungen als Teammitglieder von „GutGlut e.V." als fünffache Deutsche Grillmeister spiegeln sich z. B. im Pulled Pork Sandwich wider.

Vielleicht noch ein kurzes Wort zum Belag, denn nicht nur die Zutaten sind Geschmackssache, sondern auch die Belegetechnik: Sauberer im Gerät, beim Essen und auf dem Teller bleibt es natürlich, den Rand einen Finger breit frei von Belag zu lassen. Rundum lecker und saftig dafür, belegt man üppig auch über die Ränder der Sandwiches hinaus. Doch diese Entscheidung bleibt jedem selbst überlassen – probieren Sie es vielleicht auch einfach einmal aus.

Und last but not least dürfen selbstverständlich auch einige Waffelrezepte nicht fehlen – klassisch mit Früchten und Sahne, besonders als Sandgebäck oder auch herzhaft mit Kräutern oder Käse.

Nun aber viel Spaß mit dem Sandwichmaker und beim Ausprobieren unserer Rezepte!

Viele liebe Grüße von uns

Olaf Seidel

Dirk Bey

GUT ZU WISSEN

Wechselplatten für Sandwiches oder Waffeln einlegen, etwas einfetten, Stecker rein und los geht's! Während Sie Ihre Lieblingszutaten zusammenstellen und Ihre Sandwiches nach Herzenslust belegen oder den Waffelteig anrühren, heizt der Sandwichmaker vor – und sobald das Lämpchen aufleuchtet, kann es losgehen! Einfach die Sandwiches bzw. den Waffelteig auf die Platten geben, den Deckel langsam schließen, den Sicherheitsverschluss einrasten und Ihre Lieblingssnacks nach Belieben bräunen.

Und das Beste – neben den superleckeren Sandwiches und Waffeln natürlich: Wenn Sie fertig sind, geben Sie die Wechselplatten einfach in die Spülmaschine. Soll alles sofort wieder in den Schrank, wischen Sie sie einfach mit etwas warmem Spülwasser ab. Und dank des Sicherheitsverschlusses lässt sich alles auch hochgestellt lagern – so ist Platz auch in der kleinsten Küche.

Jetzt aber ran an den Sandwichmaker und Rezepte ausprobieren! Und sollten Sie sich dann noch mehr Abwechslung wünschen: Die 16 auswechselbaren Platten der Tefal Snack Collection sind kompatibel und lassen sich auch in den Sandwichmaker ganz schnell und einfach einsetzen: So lassen sich auch Panini, Pancakes, Herzwaffeln, Kekse, Bagel, Donuts, Mini-Küchlein, Empanadas, Poffertjes, French Toast, Croque Monsieur, etc. ganz unkompliziert jederzeit zubereiten.

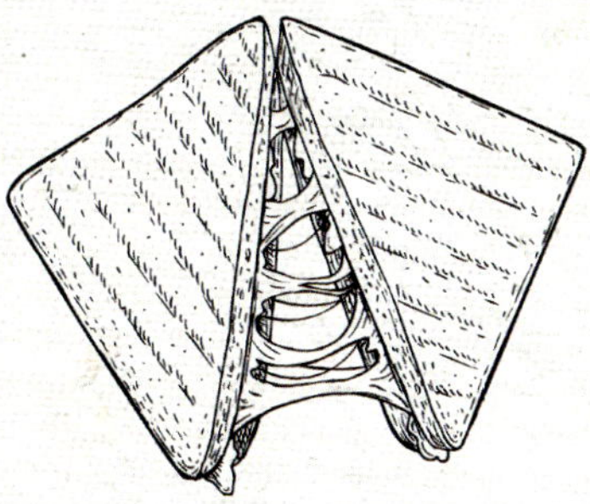

Toast selbst backen

WEIZENTOAST

1 Brot | 20 Minuten Vorbereitung + 1 ¾ Stunden Gehzeit | 40 Minuten Backzeit

Zutaten:
10 g Hefe
20 g Zucker
2 TL Salz
300 g Mehl, Type 405
400 g Mehl, Type 550
50 g Butter, zimmerwarm

1. Hefe, Zucker und Salz in 350 ml warmem Wasser auflösen.
2. Die Mehle und die Butter portionsweise hinzugeben und etwa 5 Minuten sorgfältig zu einem Teig kneten.
3. Den Teig zugedeckt etwa 1 Stunde gehen lassen, anschließend gut durchkneten und den Teigling noch einmal ½ Stunde gehen lassen.
4. Eine Kastenform gut einfetten und den Backofen auf 200 °C vorheizen.
5. Den Teig in die Backform geben und noch einmal etwa 15 Minuten gehen lassen.
6. Die Form in den Ofen geben und etwa 40 Minuten backen.
7. Das Brot aus dem Ofen nehmen, aus der Form stürzen und vollständig auskühlen lassen.

Vollkorntoast: Ersetzen Sie das Mehl, Type 405, durch Weizenvollkornmehl.

Körnertoast: Dem Grundteig 2 EL Körner (z. B. Sesam, Leinsamen, Kürbiskerne, Sonnenblumenkerne etc.) hinzufügen und sorgfältig einarbeiten.

Kräutertoast: Dem Grundteig jeweils 1 EL gehackte Petersilie, Basilikumblätter und Rosmarinnadeln hinzufügen sowie etwa 1 EL Olivenöl und sorgfältig einarbeiten.

Für die typische Brotform verwenden Sie am besten eine gusseiserne Backform mit Deckel.

SANDWICHCREME

10 Sandwiches | 5 Minuten Vorbereitung

Zutaten:

1 EL Röstzwiebeln | 2 Gewürzgurken | 50 g Frischkäse | 2 EL Ketchup | 2 EL Tomatenmark | 2 EL Senf | 4 EL Mayonnaise | ½ TL Salz | ½ TL Pfeffer

1. Die Röstzwiebeln in einem Mixer fein mixen. Die Gurken fein hacken.
2. Zusammen mit den übrigen Zutaten zu einer homogenen Masse verrühren und mit Pfeffer und Salz abschmecken.

BASICS

Schinken-Käse-
SANDWICH

2 Sandwiches | 2 Minuten Vorbereitung | 3–5 Minuten Backzeit

Zutaten:

4 Scheiben Weizentoast

4 EL Sandwichcreme

2 Scheiben gekochter Schinken

2 Scheiben Gouda, mittelalt

Pfeffer und Salz

1. Alle Sandwichscheiben auf einer Seite mit der Sandwichcreme bestreichen.
2. Zwei Scheiben mit Schinken und Käse belegen.
3. Die Sandwiches mit Pfeffer und Salz würzen.
4. Die beiden unbelegten Scheiben mit der Saucen-Seite nach innen auf die anderen legen.
5. Die Schinken-Käse-Sandwiches im Sandwichmaker knusprig ausbacken.

Pimpen Sie Ihr Schinken-Käse-Sandwich mit einer Handvoll Kartoffelchips (z. B. Salt & Vinegar). Sie geben dem Sandwich einen Crunch-Effekt und Ihre Kinder werden es lieben!

TOAST Hawaii

2 Sandwiches | 4 Minuten Vorbereitung | 3–5 Minuten Backzeit

Zutaten:

4 Scheiben Weizentoast

4 EL Sandwichcreme

2 Scheiben gekochter Schinken

2 Scheiben Gouda, mittelalt

1 Scheibe Ananas

2 Cocktailkirschen

Pfeffer und Salz

1. Alle Sandwichscheiben auf einer Seite mit der Sandwichcreme bestreichen.
2. Die Ananasscheibe zunächst halbieren, dann fein hacken.
3. Die Cocktailkirschen ebenfalls fein hacken.
4. Zwei Sandwichscheiben mit Schinken und Käse belegen.
5. Die Ananas- und Kirschstücke darauf verteilen und die Sandwiches mit Pfeffer und Salz würzen.
6. Die beiden unbelegten Sandwichscheiben mit der Saucen-Seite nach innen auflegen.
7. Die Hawaii-Toasts im Sandwichmaker knusprig ausbacken.

Der Toast-Klassiker ist der Liebling aller Kinder, gelingt immer und schmeckt immer!

Bayerisch TOAST

2 Sandwiches | 2 Minuten Vorbereitung | 3–5 Minuten Backzeit

Zutaten:

4 Scheiben Weizentoast

4 EL süßer Senf

4 Scheiben Leberkäse-Aufschnitt

2 Radieschen

Pfeffer und Salz

1. Alle Sandwichscheiben auf einer Seite mit dem süßen Senf bestreichen.
2. Die Radieschen waschen, putzen und in feine Scheibchen schneiden.
3. Zwei Sandwichscheiben mit Leberkäse-Aufschnitt belegen.
4. Die Radieschenscheiben auf dem Leberkäse verteilen und die Sandwiches mit Pfeffer und Salz würzen.
5. Die beiden übrigen Sandwichscheiben mit dem Senf nach innen auflegen.
6. Die Bayerisch Toasts im Sandwichmaker knusprig ausbacken.

Leberkäse enthält weder Leber noch Käse, sondern ein Brät aus Schweinefleisch, Speck, Eis und Gewürzen, das ähnlich auch für Fleischwurst verwendet wird. Etymologisch bedeutet das Wort etwa so viel wie „Reste im Kasten“.

Italian TOAST

2 Sandwiches | 5 Minuten Vorbereitung | 3–5 Minuten Backzeit

Zutaten:

4 Scheiben Kräutertoast

2 TL Tomatenmark

2 EL Sandwichcreme

2 Scheiben roher Schinken

½ große Tomate

4 Blätter Rucola

2 TL Parmesan, gerieben

Pfeffer und Salz

1. Zwei Sandwichscheiben mit dem Tomatenmark und zwei mit der Sandwichcreme bestreichen.
2. Die beiden mit dem Tomatenmark bestrichenen Sandwichscheiben mit dem rohen Schinken belegen.
3. Die Tomate in sehr feine Scheiben schneiden und zusammen mit dem Rucola auf dem Schinken verteilen.
4. Den Parmesan darüber verteilen und die Sandwiches mit Pfeffer und Salz würzen.
5. Die beiden unbelegten Sandwichscheiben mit der Saucen-Seite nach innen auflegen.
6. Die Italian Toasts im Sandwichmaker knusprig ausbacken.

CLASSICS

NEW YORK CLUB SANDWICH

2 Sandwiches | 5 Minuten Vorbereitung | 3–5 Minuten Backzeit

Zutaten:

4 Scheiben Weizentoast

4 EL Sandwichcreme

8 Scheiben Hähnchenbrustfilet-Aufschnitt

2 Scheiben Bacon

2 Blätter Eisbergsalat

2 TL Parmesan, gerieben

Pfeffer und Salz

1. Alle Sandwichscheiben auf einer Seite mit der Sandwichcreme bestreichen.
2. Jeweils zwei Scheiben Hähnchenbrust auf zwei der Sandwiches legen.
3. Den Bacon in eine kalte Pfanne geben und auf voller Stufe knusprig ausbraten. Die Bacon-Scheiben halbieren und auf die Hähnchenbrust legen.
4. Den Eisbergsalat waschen, trocken schütteln, in feine Streifen schneiden und ebenfalls auf den Toast geben.
5. Den Parmesan gleichmäßig darüber geben und das Sandwich mit Pfeffer und Salz würzen.
6. Die beiden unbelegten Sandwichscheiben mit der Saucen-Seite nach innen auflegen.
7. Die New York Club Sandwiches im Sandwichmaker knusprig ausbacken.

CHICKEN TERIYAKI

2 Sandwiches | 5 Minuten Vorbereitung | 3–5 Minuten Backzeit

Zutaten:

4 Scheiben Vollkorntoast
2 EL Frischkäse (z. B. Philadelphia)
2 TL Senf
8 Scheiben Hähnchenbrustfilet-Aufschnitt
2 EL Teriyaki-Sauce
2 TL Frühlingszwiebeln
Pfeffer und Salz

1. Zwei Sandwichscheiben auf einer Seite mit dem Frischkäse bestreichen.
2. Die anderen beiden Scheiben mit dem Senf bestreichen.
3. Zwei Scheiben Sandwichtoast mit jeweils vier Scheiben Hähnchenbrust belegen.
4. Die Teriyaki-Sauce auf den belegten Scheiben verteilen.
5. Die Frühlingszwiebeln waschen, diagonal in Ringe schneiden und darüber streuen.
6. Das Sandwich mit Pfeffer und Salz würzen und die beiden unbelegten Sandwichscheiben mit dem Senf nach innen auflegen.
7. Das Chicken-Teriyaki-Sandwich im Sandwichmaker goldbraun ausbacken.

CROQUE Monsieur

2 Sandwiches | 10 Minuten Vorbereitung | 3–5 Minuten Backzeit

Zutaten für die Béchamelsauce:

1 EL Butter

½ TL Mehl

100 ml Milch

Pfeffer, Salz, Muskatnuss

Zutaten für das Sandwich:

4 Scheiben Weizentoast

2 Scheiben gekochter Schinken

2 Scheiben Emmentaler

Pfeffer und Salz

Für ein Croque Madame ein Spiegelei braten und auf das fertige Sandwich auflegen.

1. Für die Béchamelsauce die Butter in einem kleinen Topf zerlassen. Das Mehl einrühren und mit der Milch aufgießen. Unter Rühren zu einer recht dicken Béchamelsauce kochen und kräftig mit Pfeffer, Salz und Muskatnuss würzen.
2. Alle Sandwichscheiben auf einer Seite mit der Béchamelsauce bestreichen.
3. Zwei Scheiben Sandwichtoast mit je einer Scheibe Schinken und Emmentaler belegen.
4. Noch einmal mit Pfeffer und Salz würzen.
5. Die beiden unbelegten Sandwichscheiben mit der Béchamelsauce nach innen auflegen.
6. Den Croque Monsieur im Sandwichmaker goldbraun ausbacken.

Bánh mì

2 Sandwiches | 5 Minuten Vorbereitung | 3–5 Minuten Backzeit

Zutaten:

1 kleine Knoblauchzehe

1 TL Öl

50 g Hackfleisch

½ TL 5-Gewürze-Pulver

1 EL Austernsauce

4 Scheiben Weizentoast

4 EL Sandwichcreme

2 Scheiben Fleischwurst-Aufschnitt (Lyoner)

2 EL Gurke, in Streifen geschnitten

2 EL Karotte, in Streifen geschnitten

2 EL Sweet-Chili-Sauce

Pfeffer und Salz

1. Die Knoblauchzehe pressen und in dem Öl dünsten. Das Hackfleisch zugeben und mit dem 5-Gewürze-Pulver würzen. Die Austernsauce zugeben und einköcheln, dann abkühlen lassen.
2. Alle Sandwichscheiben auf einer Seite mit der Sandwichcreme bestreichen.
3. Zwei Scheiben Sandwichtoast mit je einer Scheibe Fleischwurst belegen.
4. Das Hackfleisch jeweils auf der Fleischwurst verteilen.
5. Die Gurke und die Karotte schälen und in feine Streifen schneiden. Auf den Toastscheiben verteilen und jeweils einen Esslöffel Sweet-Chili-Sauce darüber geben. Mit Pfeffer und Salz abschmecken.
6. Die beiden unbelegten Sandwichscheiben mit der Sandwichcreme nach innen auflegen.
7. Das Bánh mì im Sandwichmaker knusprig ausbacken.

ITALIANS

GENOVESE

2 Sandwiches | 5 Minuten Vorbereitung | 3–5 Minuten Backzeit

Zutaten:

4 Scheiben Weizentoast

4 TL Pesto Genovese

2 TL Parmesankäse, gerieben

2 Scheiben Büffel-Mozzarella

4 Blätter Basilikum

Pfeffer und Salz

1. Alle Sandwichscheiben auf einer Seite mit dem Pesto bestreichen.
2. Auf zwei Toastscheiben den Parmesankäse in die Sandwich-Ecken streuen.
3. Die Mozzarella-Scheiben halbieren. Je zwei Hälften auf eine Sandwichscheibe legen und mit den Basilikumblättern belegen.
4. Die beiden unbelegten Sandwichscheiben mit dem Pesto nach innen auflegen und mit Pfeffer und Salz würzen.
5. Die Sandwiches im Sandwichmaker knusprig ausbacken.

So einfach, so lecker: Für ein frisches Pesto Genovese einige Blätter Basilikum mit 3–4 EL Olivenöl, einer Handvoll gerösteten Pinienkernen und etwas Parmesan in einen Mixer geben und nach Belieben pürieren.

Calabrese

2 Sandwiches | 5 Minuten Vorbereitung | 3–5 Minuten Backzeit

Zutaten für die Béchamelsauce

4 Scheiben Weizentoast

4 TL Pesto Calabrese

2 Scheiben roher Schinken

1 Feige

1 Kirschtomate

1 Prise Oregano

Pfeffer und Salz

1. Alle Sandwichscheiben auf einer Seite mit dem Pesto bestreichen.
2. Die Schinkenscheiben halbieren und zwei Sandwichtoasts damit belegen.
3. Die Feige und die Tomate in dünne Scheiben schneiden und auf den Schinken geben.
4. Alles mit dem Oregano und Pfeffer und Salz würzen.
5. Die beiden unbelegten Sandwichscheiben mit dem Pesto nach innen auflegen.
6. Das Sandwich im Sandwichmaker knusprig ausbacken.

GutGlut

2 Sandwiches | 5 Minuten Vorbereitung | 3–5 Minuten Backzeit

Zutaten:

4 Scheiben Weizentoast

4 TL Frischkäse „Sweet Chili“

1 Handvoll Rucola

1 Kirschtomate

1 Scheibe Mozzarella

2 TL Pinienkerne

1 Prise Oregano

Pfeffer und Salz

1. Alle Sandwichscheiben auf einer Seite mit dem Frischkäse bestreichen.
2. Den Rucola waschen, putzen, zupfen und auf zwei Sandwichscheiben geben.
3. Die Tomate und die Mozzarellascheibe vierteln und auf den Toastscheiben verteilen.
4. Die Pinienkerne kurz ohne Öl in einer kleinen Pfanne anrösten, bis sie etwas Farbe bekommen. Kurz abkühlen lassen, dann grob hacken und auf den Sandwiches verteilen.
5. Mit dem Oregano und Pfeffer und Salz würzen.
6. Die beiden unbelegten Sandwichscheiben mit dem Pesto nach innen auflegen.
7. Die Sandwiches im Sandwichmaker knusprig ausbacken.

Mit ihrem Grillteam „GutGlut e.V.“ sind Dirk Bey und Olaf Seidel fünffache Deutsche Grillmeister.

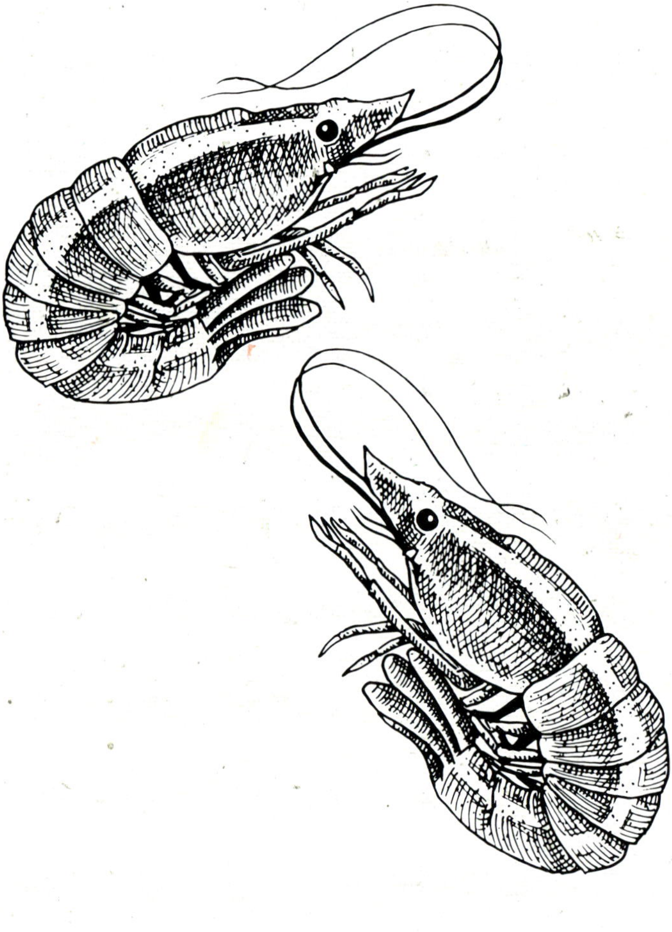

FISH & SEA

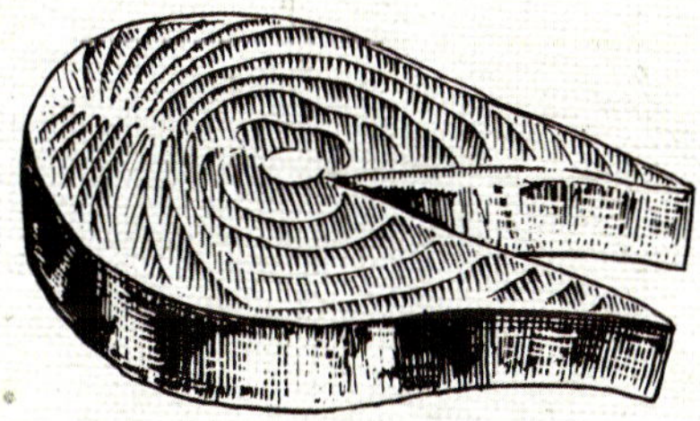

Thunfisch-
SANDWICH

2 Sandwiches | 5 Minuten Vorbereitung | 3–5 Minuten Backzeit

Zutaten für die Thunfischcreme:

½ Dose Thunfisch in Öl

2 EL Frischkäse (z. B. Philadelphia)

½ Frühlingszwiebel

½ TL schwarzer Pfeffer, gemahlen

Salz

Zutaten für das Sandwich:

4 Scheiben Weizentoast

etwas Butter

1 Handvoll Rucola

2 Scheiben Chester-Käse-Sandwichscheiben

Pfeffer und Salz

1. Für die Thunfischcreme den Thunfisch abtropfen lassen und mit dem Frischkäse vermengen. Die Frühlingszwiebel diagonal in feine Ringe schneiden, unter die Thunfischmasse heben und das Ganze mit Pfeffer und Salz pikant abschmecken.
2. Alle Sandwichscheiben auf einer Seite mit Butter bestreichen.
3. Den Rucola waschen, putzen, zupfen und auf zwei Sandwichscheiben verteilen.
4. Die Käsescheiben diagonal halbieren, sodass vier Dreiecke entstehen. Die Käsescheiben gleichmäßig mit der Thunfischcreme bestreichen und anschließend mit der Creme nach unten auf den Rucola auflegen.
5. Die beiden unbelegten Sandwichscheiben mit der Butter nach innen auflegen.
6. Die Thunfisch-Sandwiches im Sandwichmaker knusprig ausbacken.

Lachs SANDWICH

2 Sandwiches | 5 Minuten Vorbereitung | 3–5 Minuten Backzeit

Zutaten:

4 Scheiben Kräutertoast

4 TL Frischkäse mit Schnittlauch

2 Scheiben Räucherlachs

2 TL Dill-Senf-Sauce (z. B. Sauce für Graved Lachs)

Pfeffer und Salz

1. Alle Sandwichscheiben auf einer Seite mit Frischkäse bestreichen.
2. Die Räucherlachs-Scheiben auf zwei Sandwichtoasts auflegen.
3. Mit der Dill-Senf-Sauce bestreichen und mit Pfeffer und Salz würzen.
4. Die beiden unbelegten Sandwichscheiben mit dem Frischkäse nach innen auflegen.
5. Die Lachs-Sandwiches im Sandwichmaker knusprig ausbacken.

Sandwiches sind nicht nur superlecker, sie eignen sich auch perfekt als Resteverwerter, z. B. wenn vom Sonntags-Brunch mit Freunden noch einige Scheiben Lachs übrig geblieben sind ...

SYLTER Krabbenbrot

2 Sandwiches | 10 Minuten Vorbereitung | 3–5 Minuten Backzeit

Zutaten für die Trüffel-Mayonnaise:

1 Ei
100 ml Trüffelöl
½ EL Senf
etwas Zitronensaft
Pfeffer und Salz

Zutaten:

4 Scheiben Weizentoast
50 g Nordseekrabben
1 Ei, hart gekocht
2 TL Schnittlauch
Pfeffer und Salz

Je mehr Öl Sie hinzugeben, desto fester wird die Mayonnaise.

1. Für die Trüffel-Mayonnaise das Ei, den Senf und etwas Pfeffer und Salz in einen schmalen hohen Rührbecher geben. Einen Stabmixer langsam bis unten in das Rührgefäß führen und einschalten. Das Trüffelöl vorsichtig in einem dünnen Strahl hinzugießen, dabei den Stabmixer langsam immer weiter nach oben führen. Mit Pfeffer und Salz und etwas Zitronensaft abschmecken.
2. Alle Sandwichscheiben auf einer Seite mit der Trüffel-Mayonnaise bestreichen.
3. Die Nordseekrabben auf zwei Sandwichscheiben verteilen.
4. Das Ei in Scheiben schneiden und die Krabben damit belegen.
5. Den Schnittlauch in dünne Ringe schneiden und auf dem Ei verteilen. Mit Pfeffer und Salz würzen.
6. Die beiden unbelegten Sandwichscheiben mit der Mayonnaise nach innen auflegen.
7. Die Krabben-Sandwiches im Sandwichmaker knusprig ausbacken.

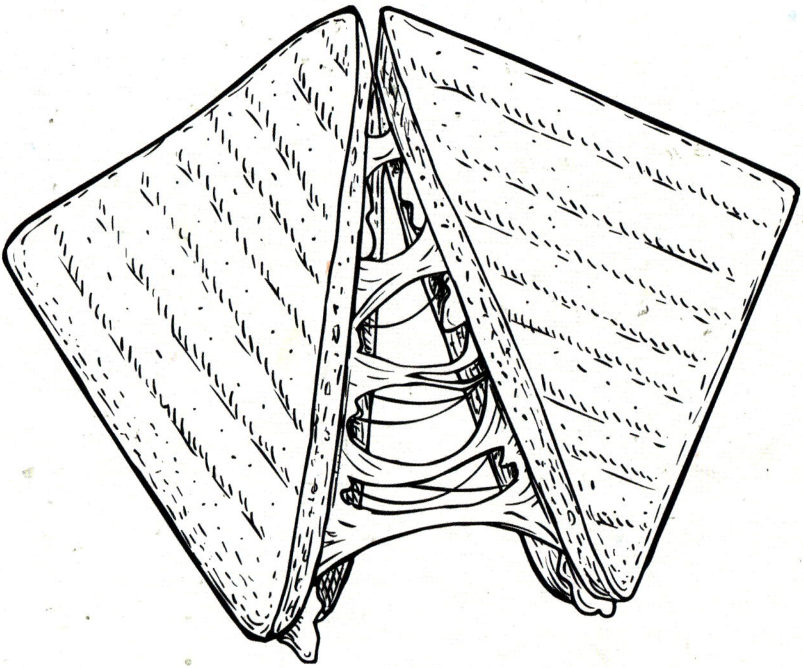

AMERICANS

Butt
Loin
Spare Ribs
Ham
Shoulder Picnic
Jowl
Belly Bacon
Hock
Hock

Katz Deli
SANDWICH

2 Sandwiches | 10 Minuten Vorbereitung | 3–5 Minuten Backzeit

Zutaten für die Senfcreme:

2 EL mittelscharfer Senf

4 EL Sandwichcreme

Zutaten für die Sandwiches:

4 Scheiben Weizentoast

4 Scheiben Pastrami

2 Scheiben Chester-Käse

Pfeffer und Salz

1. Für die Senfcreme die Sandwichcreme sorgfältig mit dem Senf mischen.
2. Alle Sandwichscheiben auf einer Seite mit der Senfcreme bestreichen.
3. Die Pastrami-Scheiben zu kleinen Dreiecken falten und die Sandwichscheiben damit belegen.
4. Den Chester-Käse diagonal halbieren und auf die Pastrami geben. Mit Pfeffer und Salz würzen.
5. Die beiden unbelegten Sandwichscheiben mit der Senfcreme nach innen auflegen.
6. Die Katz Deli Sandwiches im Sandwichmaker knusprig ausbacken.

Wer es cremiger mag: den doppelten Käse verwenden!

Pulled Pork SANDWICH

2 Sandwiches | 30 Minuten Vorbereitung | 3–5 Minuten Backzeit

Zutaten:

4 Scheiben Vollkorntoast
4 EL Sandwichcreme
2 Scheiben Cheddar
4 EL Pulled Pork
Pfeffer und Salz

1. Das Pulled Pork nach Packungsanweisung zubereiten.
2. Alle Sandwichscheiben auf einer Seite mit der Sandwichcreme bestreichen.
3. Die Käsescheiben diagonal halbieren und zwei Sandwichscheiben damit belegen.
4. Das Pulled Pork gleichmäßig auf dem Käse verteilen und mit Pfeffer und Salz würzen.
5. Die beiden unbelegten Sandwichscheiben mit der Sandwichcreme nach innen auflegen.
6. Die Pulled Pork Sandwiches im Sandwichmaker knusprig ausbacken.

Wer mag, gibt auch noch eine Gabel Krautsalat auf sein Sandwich – mmmh, lecker!

BEEF 'N' CHEESE

2 Sandwiches | 5 Minuten Vorbereitung | 3–5 Minuten Backzeit

Zutaten:

4 Scheiben Weizentoast

4 EL Sandwichcreme

2 Scheiben kräftiger Käse

4 Scheiben Roastbeef-Aufschnitt

12 Blätter Spinat

Pfeffer und Salz

1. Alle Sandwichscheiben auf einer Seite mit der Sandwichcreme bestreichen.
2. Die Käsescheiben diagonal halbieren und zwei der Sandwichscheiben damit belegen.
3. Das Roastbeef halbieren und auf den Käse auflegen.
4. Die Sandwich-Dreiecke mit jeweils drei Blättern Spinat toppen und mit Pfeffer und Salz würzen.
5. Die beiden unbelegten Sandwichscheiben mit der Sandwichcreme nach innen auflegen.
6. Das Beef 'n' Cheese im Sandwichmaker knusprig ausbacken.

BLT

2 Sandwiches | 5 Minuten Vorbereitung | 3–5 Minuten Backzeit

Zutaten:

4 Scheiben Weizentoast
4 EL Sandwichcreme
2 Scheiben Bacon
2 Blätter Eisbergsalat
½ mittelgroße Tomate
Pfeffer und Salz

1. Alle Sandwichscheiben auf einer Seite mit der Sandwichcreme bestreichen.
2. Den Bacon in eine kalte Pfanne geben und auf voller Stufe knusprig ausbraten. Die Bacon-Scheiben halbieren und auf zwei der Sandwichscheiben legen.
3. Den Eisbergsalat waschen, trocken schütteln und in Dreiecke geschnitten auf den Bacon geben.
4. Die Tomate in dünne Scheiben schneiden und den Salat damit belegen. Mit Pfeffer und Salz würzen.
5. Die beiden unbelegten Sandwichscheiben mit der Sandwichcreme nach innen auflegen.
6. Das BLT-Sandwich im Sandwichmaker knusprig ausbacken.

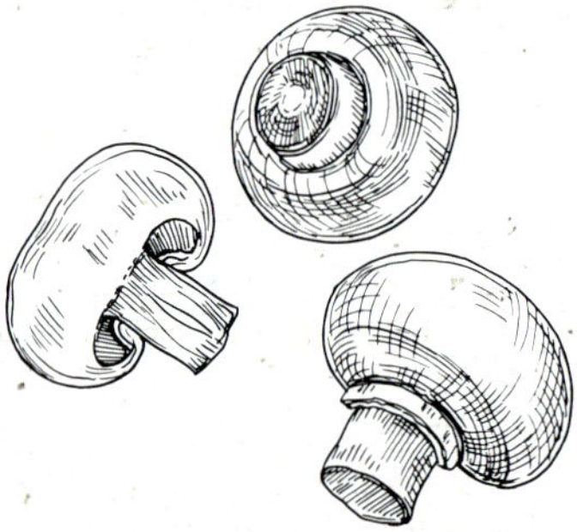
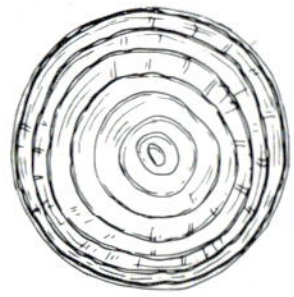

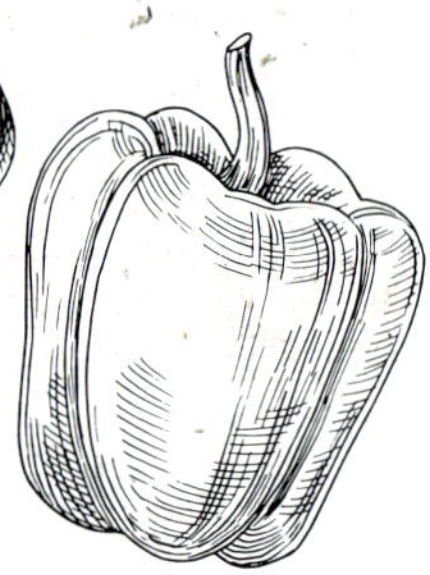

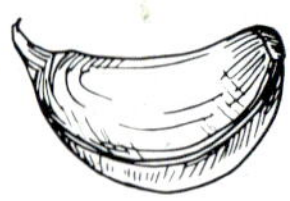

VEGGIES

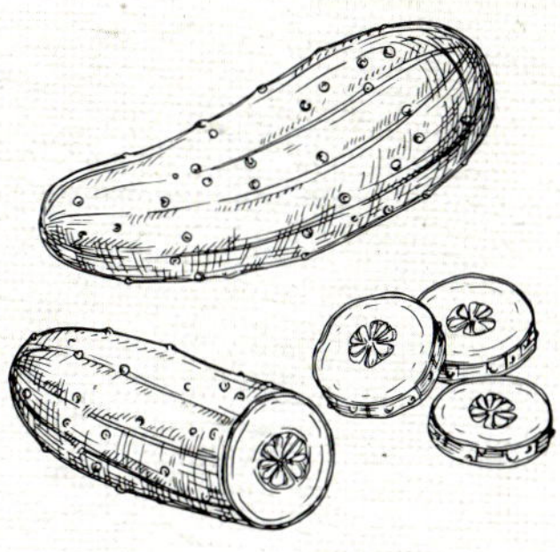

Garden Sandwich

2 Sandwiches | 20 Minuten Vorbereitung | 3–5 Minuten Backzeit

Zutaten:

4 Scheiben Körnertoast

4 EL Sandwichcreme

4 Scheiben Grillgemüse, frisch oder eingelegt

2 Scheiben Cheddar

Pfeffer und Salz

1. Alle Sandwichscheiben auf einer Seite mit der Sandwichcreme bestreichen.
2. Das Grillgemüse auf zwei der Sandwiches verteilen.
3. Den Cheddar-Käse diagonal halbieren und auf das Gemüse auflegen. Mit Pfeffer und Salz würzen.
4. Die beiden unbelegten Sandwichscheiben mit der Sandwichcreme nach innen auflegen.
5. Die Garden Sandwiches im Sandwichmaker knusprig ausbacken.

Als Grillgemüse eignen sich z. B. Zucchini, Paprika, Fenchel, Champignons, Zwiebel etc. Mit etwas Olivenöl in einer Grillpfanne anrösten und mit Pfeffer, Salz und italienischem Gewürz abschmecken.

MEXICAN „V"

2 Sandwiches | 15 Minuten Vorbereitung | 3–5 Minuten Backzeit

Zutaten für die Guacamole:

1 Avocado

1 kleine Zwiebel

2 EL Olivenöl

etwas Zitronensaft

Pfeffer und Salz

Zutaten für das Sandwich:

4 Scheiben Kräutertoast

1 Granatapfel

1 rote Zwiebel

Pfeffer und Salz

1. Für die Guacamole die Avocado halbieren, mit einem Löffel den Kern entfernen und das Fruchtfleisch auskratzen. Mit einer Gabel zerdrücken. Die Zwiebel fein hacken und hinzugeben. Das Olivenöl und etwas Zitronensaft hinzufügen und alles zu einer Creme vermengen.
2. Zwei Sandwichscheiben auf einer Seite mit der Guacamole bestreichen.
3. Den Granatapfel halbieren, vorsichtig die fruchtigen Kerne lösen und auf den Toastscheiben verteilen.
4. Den Cheddar-Käse diagonal halbieren und auflegen.
5. Die rote Zwiebel in feine Würfel schneiden und ebenfalls auf den Toastscheiben verteilen.
6. Die beiden unbelegten Sandwichscheiben mit der Sandwichcreme nach innen auflegen.
7. Das Mexican-Sandwich im Sandwichmaker knusprig ausbacken.

GURKENSANDWICH

„Lady Constanzia"

2 Sandwiches | 5 Minuten Vorbereitung | 3–5 Minuten Backzeit

Zutaten:

4 Scheiben Weizentoast

4 EL Frischkäse (z. B. Philadelphia)

¼ Salatgurke

4 TL Gartenkresse

Pfeffer und Salz

1. Alle Sandwichscheiben auf einer Seite mit dem Frischkäse bestreichen.
2. Die Salatgurke in acht hauchfeine Scheiben schneiden.
3. Zwei der Sandwichscheiben mit jeweils vier Gurkenscheiben belegen.
4. Mit der Gartenkresse bestreuen und mit Pfeffer und Salz würzen.
5. Die beiden unbelegten Sandwichscheiben mit dem Frischkäse nach innen auflegen.
6. Die Gurkensandwiches im Sandwichmaker knusprig ausbacken.

Die Gurke schälen und mit demselben Sparschäler längs acht hauchfeine Scheiben in der Länge der Toasts schneiden.

Dieses Sandwich schmeckt auch hervorragend in einer veganen Variante: einfach veganes Brot und eine vegane Mayonnaise verwenden!

Tipp: Sie können die Süßkartoffel auch im Backofen garen. Dazu am besten halbieren und bei 175 °C (Umluft 160 °C) 45 Minuten garen.

LOUISIANA

2 Sandwiches | 15 Minuten Vorbereitung | 3–5 Minuten Backzeit

Zutaten:

1 Süßkartoffel
4 Scheiben Vollkorntoast
4 EL Mayonnaise
1 Handvoll Rucola
etwas Currypulver
Pfeffer und Salz

1. Die Süßkartoffel mit einer Gabel mehrfach rundherum einstechen. Zwei Blätter Küchenrolle nass machen und von einer Seite salzen. Die Süßkartoffel auf die gesalzene Seite geben und in das Küchenpapier einwickeln. Vier Minuten bei höchster Stufe in der Mikrowelle garen. Die Süßkartoffel wenden und noch einmal vier Minuten garen.
2. Alle Sandwichscheiben auf einer Seite mit der Mayonnaise bestreichen.
3. Die Süßkartoffel etwas auskühlen lassen, dann halbieren und mit einem Löffel auskratzen. Mit einer Gabel zerdrücken und auf zwei Sandwichscheiben verteilen.
4. Den Rucola waschen, trocken schütteln, die groben Stile entfernen und auf der Süßkartoffel verteilen.
5. Mit Pfeffer, Salz und etwas Currypulver würzen.
6. Die beiden unbelegten Sandwichscheiben mit der Mayonnaise nach innen auflegen.
7. Die Louisiana-Sandwiches im Sandwichmaker knusprig ausbacken.

WAFFELN

Mamas BESTE WAFFELN

10 Waffeln | 10 Minuten Vorbereitung | 5–7 Minuten Backzeit

Zutaten:

125 g Butter, zimmerwarm
50 g Zucker
1 Pck. Vanillezucker
3 Eier
250 g Mehl
1 Pck. Backpulver
200 ml Milch, 3,5 % Fett
etwas Zitronenabrieb

1. Die Butter mit dem Zucker, dem Vanillezucker und den Eiern in einer Schüssel sehr fein aufschlagen.
2. Das Mehl und das Backpulver mischen, sieben und vorsichtig unterheben.
3. Nach und nach die Milch einrühren und den Zitronenabrieb hinzufügen, bis ein cremiger Teig entsteht.
4. Den Teig mit einem großen Löffel mittig auf die Waffelbleche geben und schöne Waffeln ausbacken.

Für belgische Waffeln sollte der Teig etwas fester sein, sonst läuft beim Ausbacken zu viel Teig heraus. Geben Sie die Milch daher portionsweise hinzu, bis der Teig die richtige Konsistenz hat. Ist er zu flüssig, dicken Sie mit etwas Mehl wieder an.

Omas Sonntags-Sandwaffeln

10 Waffeln | 10 Minuten Vorbereitung | 5–7 Minuten Backzeit

Zutaten:

175 g Kokosfett
175 g Zucker
1 Pck. Vanillezucker
4 Eier
1 Fl. Rum-Aroma
200 g Mehl
50 g Speisestärke
½ TL Backpulver
etwas Zitronenabrieb

1. Das Kokosfett etwas auslassen und wieder abkühlen.
2. Mit dem Zucker, dem Vanillezucker und den Eiern schaumig aufschlagen.
3. Rum-Aroma, Mehl, Speisestärke, Backpulver und Zitronenabrieb unterheben und zu einem cremigen Teig verrühren.
4. Den Teig mit einem großen Löffel mittig auf die Waffelbleche geben und schöne Waffeln ausbacken.

Sie können die Waffeln auch in Kreisform zu Waffeltalern ausbacken oder mithilfe eines Portionsringes ausstechen.

NUSS-WAFFELN

10 Waffeln | 10 Minuten Vorbereitung | 5–7 Minuten Backzeit

Zutaten:

175 g Kokosfett
175 g Zucker
1 Pck. Vanillezucker
4 Eier
1 Fl. Rum-Aroma
200 g Mehl
50 g Speisestärke
½ TL Backpulver
1 TL Walnüsse, gemahlen
1 TL Haselnüsse, gemahlen
etwas Zitronenabrieb

1. Das Kokosfett etwas auslassen und wieder abkühlen.
2. Mit dem Zucker, dem Vanillezucker und den Eiern schaumig aufschlagen.
3. Aroma und Mehl, Speisestärke, Backpulver und Zitronenabrieb unterheben.
4. Vorsichtig die Nüsse unterheben.
5. Den Teig mit einem großen Löffel mittig auf die Waffelbleche geben und schöne Waffeln ausbacken.

Hasel- und Walnüsse lassen sich auch ersetzen, z. B. durch Maronen, Mandeln, geröstete Haferflocken etc.

MARILLEN-WAFFELN

10 Waffeln | 10 Minuten Vorbereitung | 5–7 Minuten Backzeit

Zutaten:

125 g Butter
50 g Zucker
1 Pck. Vanillezucker
3 Eier
250 g Mehl
1 Pck. Backpulver
200 ml Milch, 3,5 % Fett
50 g Marillen/Aprikosen
etwas Zitronenabrieb

1. Die Butter etwas auslassen und wieder abkühlen.
2. Mit dem Zucker, dem Vanillezucker und den Eiern schaumig aufschlagen.
3. Mehl, Speisestärke, Backpulver und Zitronenabrieb unterheben und nach und nach die Milch einrühren, bis ein cremiger Teig entsteht.
4. Die Marillen/Aprikosen halbieren, entsteinen, fein hacken und unterheben.
5. Den Teig mit einem großen Löffel mittig auf die Waffelbleche geben und schöne Waffeln ausbacken.

Wenn Sie es etwas süßer mögen, können Sie auch Zucker-Aprikosen verwenden.

Mediterrane WAFFELN

10 Waffeln | 10 Minuten Vorbereitung | 5–7 Minuten Backzeit

Zutaten:

2 TL getrocknete Tomaten
125 g Butter, zimmerwarm
250 g Mehl
1 Pck. Backpulver
200 ml Milch, 3,5 % Fett
1 TL italienische Kräuter
etwas Zitronenabrieb

1. Die getrockneten Tomaten fein hacken.
2. Die Butter schaumig schlagen.
3. Vorsichtig Mehl, Backpulver und Tomaten unterheben.
4. Anschließend nach und nach Milch und Gewürze einrühren.
5. Mit etwas Zitronenabrieb und den Gewürzen abschmecken.
6. Den Teig mit einem großen Löffel mittig auf die Waffelbleche geben und schöne Waffeln ausbacken.

Servieren Sie die Waffeln mit Schmand. Dazu einfach einige getrocknete Tomaten, italienische Kräuter, Pfeffer und Salz in einen Becher Schmand einrühren und zusammen mit den Waffeln auf den Teller geben.

Oder probieren Sie diese Waffeln mal warm und mit etwas Kräuterbutter!

Käse-Waffeln

10 Waffeln | 10 Minuten Vorbereitung | 5–7 Minuten Backzeit

Zutaten:

125 g Butter, zimmerwarm
250 g Mehl
1 Pck. Backpulver
180 ml Milch, 3,5 % Fett
5 TL Parmesan, gerieben
1 TL italienische Kräuter
etwas Zitronenabrieb

1. Die Butter schaumig schlagen.
2. Vorsichtig Mehl, Backpulver und Parmesan unterheben.
3. Anschließend nach und nach Milch und Gewürze einrühren.
4. Mit etwas Zitronenabrieb und den Gewürzen abschmecken.
5. Den Teig mit einem großen Löffel mittig auf die Waffelbleche geben und schöne Waffeln ausbacken.

Sie können zusätzlich Pinienkerne rösten, hacken und dem Teig zugeben.

Dirk Bey und Olaf Seidel – die Autoren

Als fünffache Deutsche Grillmeister und Mitglieder des Grillteams „GutGlut e.V." beherrschen Olaf Seidel und Dirk Bey nicht nur Feuer, Glut und Grillzange, sie sind auch überaus kreative Experten in Sachen gutes Essen. Dabei schlägt ihr Herz für Klassiker genauso wie für neue Kreationen – stets mit ganz viel Liebe und in Perfektion auf den Tisch gebracht!

Volker Debus – der Fotograf

Während seiner Assistenzjahre arbeitete er mit Modefotografen in New York und Miami. Nach Jahren in Hamburg, in denen er vorwiegend im Mode- und Beauty-Bereich tätig war, führte ihn die Liebe nach München, wo er mit seiner Frau Véronique Witzigmann im kulinarischen Bereich tätig ist – und seit August 2020 in Véroniquesfine Deli im Schloss Café Amerang die Gäste mit köstlichen Leckereien verwöhnt.

Sabine Vonderstein – die Grafikerin

Die Liebe zu Toast, Croque Monsieur und Waffeln entwickelte sich recht früh mit 10 Jahren am Holztisch in der Küche der Freundin Alexandra in Brüssel. An heißen Sommertagen, begleitet von Ameisenzügen, die über den Tisch wanderten, haben die beiden mit Hingabe einen Schokotoast nach dem anderen vertilgt. Jahrzehnte später kamen dann die leckeren Schinken-Käse-Toasts mit Levent dazu … Toast ist immer Liebe! Und in diesem Sinne, soll in allen vier Ecken Liebe drin stecken …